ຮ່າງກາຍຂ້ອຍຮູ້ສຶກ

ໂດຍ ອານຸສິດ ເທບໄກສອນ
ຮູບໂດຍ ໂຈວານ ກາລ໌ ເຊກູລາ

Library For All Ltd.

ຮ່າງກາຍຂອງຮູ້ສຶກ

ພິມຄັ້ງທຳອິດ 2022

ຈັດພິມໂດຍ: ອິງການ Library For All
ອີເມວ: info@libraryforall.org
URL: libraryforall.org

ຮູບແຕ້ມຕົ້ນສະບັບໂດຍ ໂຈອານ ກາລ໌ ເຊກູລາ

ຮ່າງກາຍຂອງຮູ້ສຶກ
ອານຸສິດ ເທບໄກສອນ
ISBN: 978-9932-14-020-6
SKU02476

ຣ່າງກາຍຂ້ອຍຮູ້ສຶກ

ຂ້ອຍທໍ.

ຂ້ອຍອິ່ມ.

ຂ້ອຍເຈັບ.

ຂ້ອຍສະບາຍດີ.

ຂ້ອຍເຫງົານອນ.

ຂ້ອຍຕື່ນ.

ຂ້ອຍໝາວ.

ຂ້ອຍຮ້ອນ.

ຂ້ອຍໄຂ້.

ຂ້ອຍທໍ.

ຂໍ້ມູນທາງບັນນາບຸກິນຂອງຫໍສະໝຸດແຫ່ງຊາດ

ອານຸສິດ ເທບໄກສອນ
     ຮາງກາຍຂ້ອຍຮູ້ສຶກ / ໂດຍ ອານຸສິດ ເທບໄກສອນ.
     -- ວຽງຈັນ: ປຶ້ມອ່ານ, 2022
     18 ໜ້າ : ພາບປະກອບສີ ; 26 ຊມ
     1. ວັນນະກຳສຳລັບເດັກ
     I. ຊື່ເລື່ອງ
808.068 -- dc21
     ເລກທະບຽນພິມຈຳໜ່າຍ: 061 / ອພຈ07052034
     ISBN 978-9932-14-020-6

ເຈົ້າສາມາດໃຊ້ຄຳຖາມດັ່ງລຸ່ມນີ້ເພື່ອ ສືບທະບາກ່ຽວກັບເລື່ອງທີ່ອ່ານກັບ ຄອບຄົວ, ໝູ່ ແລະ ຄູອາຈານ.

ເຈົ້າໄດ້ຮຽນຮູ້ຫຍັງຈາກເລື່ອງນີ້?

ຈົ່ງອະທິບາຍເລື່ອງນີ້ ໂດຍໃຊ້ຄຳບັນຍາຍ 1ຄຳ. ຕະຫຼົກ? ຢ້ານ? ມີສິສັນ? ໜ້າສົນໃຈ?

ເມື່ອອ່ານຈົບແລ້ວ, ເລື່ອງນີ້ໃຫ້ຄວາມຮູ້ສຶກຫຍັງແດ່?

ໃນເລື່ອງນີ້, ເຈົ້າມັກສິ່ງໃດຫຼາຍທີ່ສຸດ?

ດາວໂລດແອັບ
getlibraryforall.org

ກ່ຽວກັບຜູ້ປະກອບສ່ອນ

ອານຸສິດ ເທບໄກສອນ ເປັນ ຄົນລາວ ທີ່ມັກເຮັດກິດຈະກຳນອກບ້ານ
ຫຼາຍຢ່າງ ເຊັ່ນ ຫຼິ້ນຄົນຕິ ຮ້ອງເພງ, ປູກຕົ້ນໄມ້ ຫຼາຍໆຊະນິດ
ເອົາໄວ້ແຍ່ງເບິ່ງ ຫຼື ແບ່ງປັນໃຫ້ໝູ່ເພື່ອນ. ໃຫຍ່ມາ ອານຸສິດໄດ້ຮຽນຮູ້
ທີ່ຈະຮັກການອ່ານ ແລະ ໄດ້ເຫັນສິ່ງໃໝ່ໆ ໂລກໃໝ່ໆ
ຜ່ານປຶ້ມຫຼາກຫຼາຍຊະນິດ ຈຶ່ງຢາກໃຫ້ເດັກນ້ອຍຄົນລາວ
ໄດ້ຜະຈົນໄພຜ່ານການອ່ານ ຮຽນຮັກການອ່ານ
ຄວບຄູ່ກັບການເຮັດກິດຈະກຳຢູ່ນອກ ເພື່ອພັດທະນາການອ່ານ.

ປຶ້ມທົ່ວບໍ່ມ່ອບບໍ?

ພວກເຮົາມີປຶ້ມຫຼາຍຮ້ອຍຫົວໃຫ້ເລືອກອ່ານ.

ພວກເຮົາຮ່ວມມືກັບນັກຂຽນ, ຜູ້ຊ່ຽວຊານດ້ານການສຶກສາ, ທີ່ປຶກສາທາງດ້ານວັດທະນະທຳ, ລັດຖະບານ ແລະ ອົງກອນທີ່ບໍ່ຂຶ້ນກັບລັດຖະບານ ເພື່ອນຳຄວາມເພີດເພີນ ໃນການ ອ່ານໃຫ້ກັບເດັກນ້ອຍທົ່ວທຸກແຫ່ງ.

ຮູ້ບໍ?

ພວກເຮົາສ້າງການປ່ຽນແປງທີ່ດີໃຫ້ຂອງເຂດນີ້ ໂດຍປະຕິບັດ ເປົ້າໝາຍ ການພັດທະນາແບບຍືນຍົງຂອງສະຫະປະຊາຊາດ.

libraryforall.org